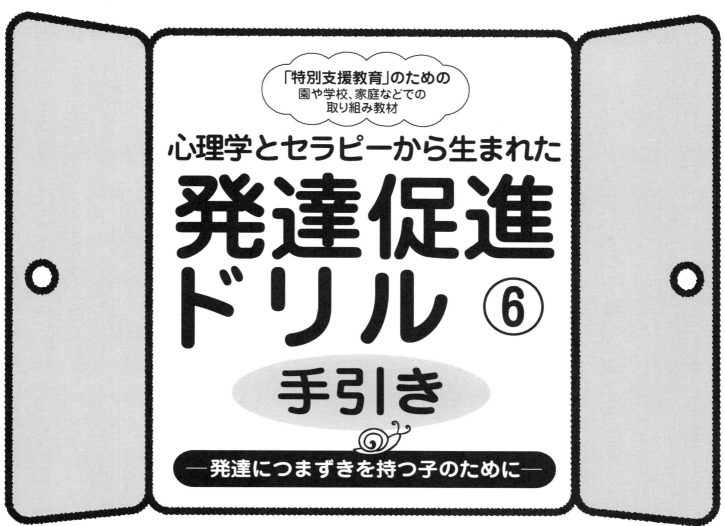

「特別支援教育」のための
園や学校、家庭などでの
取り組み教材

心理学とセラピーから生まれた

発達促進ドリル ⑥

手引き

―発達につまずきを持つ子のために―

編・著／湯汲 英史

〔（公社）発達協会 常務理事／言語聴覚士〕

発 行／すずき出版

JN132459

発刊にあたって

はじめに ◇◇◇◇◇◇◇◇◇◇◇◇◇◇◇◇◇◇◇◇

「子どもの発達は拘束されている」といわれます。

歩くことも話すこともできずに生まれてきた赤ちゃんが、1歳を過ぎた頃から歩けたり、話せたりするようになります。運動の発達では、両足で跳べるのが2歳、スキップができるのが4歳となっています。ことばの面も、1歳は単語、2歳は二語文、3歳になると三語文をまねして言え、5〜6歳では文字の読み書きができるようになります。

例えばある子が"ぼくは歩くのは後でいいから、お絵描きが先に上手になりたい"と思っても、特別のことがない限りそれはできないようになっています。"自分の思うようには進めない、成長できない"だから「発達は拘束されている」と表現されます。

子どもの中には、自然に次々と進むはずの発達が、スムーズにいかない子がいます。遅れがちな子もいます。どうしてそうなのか、はっきりとした原因は分かっていません。

ただ、このような子たちへのさまざまな試みの中で、発達を促すために指導や教育が必要なことが分かってきました。そして、指導や教育が一定の効果をあげることも明らかになってきました。

この『発達促進ドリル』シリーズは、発達心理学、認知心理学などの知見をもとに作られました。特に、実際に発達につまずきを持つ子にとって有効な内容のものを選びました。

★6巻では…

子どもは、徐々に、物事の細かいところにも目がいくようになってきます。

そこで6巻では、その時期にできるようになることを、課題として取り上げました。細部に気づき始めることで、自分の周りのことへの関心を高め、できごとについて簡単な説明ができるようにもなります。また、細部への注目は、文字を読みたいという気持ちを高め、物事の手順などへの興味を増すことでしょう。

なお、ドリル6巻からは、ひとりでもできる形式を取り入れました。

目的 ◇◇◇◇◇◇◇◇◇◇◇◇◇◇◇◇◇◇◇◇

　このドリルは、子どものことば、認知、数、文字の読み書き、生活、社会性などの面での健やかな発達を求めて作られました。

特色 ◇◇◇◇◇◇◇◇◇◇◇◇◇◇◇◇◇◇◇

①「手引き」では、各問題を解説しました。"子どもの《発達の姿》"として、発達から見た意味を、"指導のポイント"では、子どもの状態を把握できるようにし、また教え方のヒントも示しました。

②内容によっては正答をまず示し、子どもが質問されている内容や答え方などを分かりやすくしました。また、ドリルの中には、ゆうぎ歌もあります。これは、子どもの興味や社会性を高めるために取り上げました。

③このドリルでは、ことば、認知、数、文字、生活、社会性などの領域の問題を取り上げました。ただそれぞれの領域の問題は、明確に独立したものばかりではありません。ことばと生活がいっしょなど、複数の領域にまたがる内容もあります。

　これは、子どもの暮らしそのものが、多様な領域が渾然一体となっていることからきています。

　例えば「洋服を着る」という場面を考えてみましょう。ある子にとってはこのときに、洋服の名前、着る枚数、洋服の色などとともに、用途や裾を入れるなどマナーも学んでいるかもしれません。つまり、子どもは大人のように領域ごとに分けて学ぶ訳ではないということです。

④このドリルは、1冊に12の課題が含まれています。今回のシリーズは10冊で構成されています。シリーズ合計では、120の課題で構成されています。

お願い

　まずは、子どもの取り組もうという気持ちを大切にしましょう。課題の順番に関係なく、子どもの興味や関心に合わせて、できるテーマから取り組んでください。

　子どもによっては、難しい問題があります。難しくてできないときには、時間をおいて再チャレンジしてください。

湯汲　英史

（公社）発達協会 常務理事
早稲田大学 非常勤講師
言語聴覚士／精神保健福祉士

① ことば（物の名前⑥ 3・4切片）

なにの えでしょうか？

ことばかけのポイント

- ●名前が分からないときには、初めの音をヒントに言いましょう。
- ●「物の名前」を言うのではなく、「空を飛ぶ」「丸い」といった、属性をヒントにしてもよいでしょう。
- ●動物園や公園の絵などでは、動物や遊具の名前を言う場合があります。部分ではなく、それらが存在する場所である「動物園」や「公園」を言うように教えましょう。

子どもの《発達の姿》

　子どもは成長するにつれ、分割された絵から全体を想像する力を伸ばしていきます。この力の伸びは、「細部への関心の高まり」が影響していると思われます。

　細部への関心は、乗り物、動物、植物など、「図鑑」への興味の高まりにもつながっているのでしょう。子どもは、例えば、電車の細かい違いに気づき、名前を当てられるようになります。図鑑を繰り返し見たりするこの時期には、記憶力もしっかりとしてきます。体験したことの細部を思い出せ、話すようになってきます。

　ただ、何もないと思い出すのが難しいことが多いでしょう。このようなときには、ことばでのヒントや写真、映像などを使いましょう。

指導のポイント

★名前が分からない

　その物の名前を知らない場合もあります。まずは、答えを教え、時間をおいて再度質問してみましょう。

ワンポイントアドバイス

　このドリルでは、一部分が見えている切片を組み合わせて物の名前を当てさせることで、物の細部への関心や細部から全体を想像する力を高めることをねらっています。

　実際には、大人に指示されて一部分しか見えていない皿を取ったり、端の方が見えている衣服からその衣服が何であるかが分かったりなど、この力はさまざまな場面で使われているはずです。逆に言うと、全部が見えないとそれが何であるかが分からないのでは、日常生活に大きな支障をきたすといえます。さまざまな用事を行うなかで、合理的で実際的な力が育っていくと思われます。

② ことば（からだの部位③）

どれ（どこ）ですか？

ことばかけのポイント

- 身体の一部分しか描かれていないと、何の絵か子どもには分かりにくいことがあります。分かりにくい場合は、何の絵かをあらかじめ教えましょう。
- 「においをかぐ」「にぎる」など、分かりにくい動きのことばは、実際に動作をやってみせましょう。

子どもの《発達の姿》

　子どもは、さまざまな身体の部位を一度に分かるのではありません。見えて触れる場所（鼻や口など）から、まったく見えない部位（心臓、胃など）まで、段階を踏んで分かっていきます。（詳しくは、第1巻「手引き」6ページをご参照ください）

　耳や鼻に物を詰める子がいます。部位の名前を理解している子の場合は、自分の身体のうちで、見えない場所に興味を持つ段階に入ったといえます。もちろん、鼻腔や外耳道は敏感である反面、傷つきやすい場所です。ことばの理解に合わせてですが、例えば「お耳にはトンネルがあるよね。トンネルを通って、お話が聞こえるんだよ。大事だからビーズを入れてはダメ。トンネルが閉まると音が聞こえなくなるよ」といった説明が必要となります。

　この巻では、身体部位の名前や特徴（めがねをかける、など）、働きについて取り上げました。

指導のポイント

★絵の身体の部位が分からない

　絵の部位を色鉛筆でぬったり、福笑いを作って部位の絵を置いたりして教えましょう。

★胸、ひじ、ひざが分からない

　それぞれの部位は、境界があいまいな部位といえます。例えば、「おなか」と「むね」の境界線はどこかといえば、大人でも戸惑います。子どもも同じです。子どもが「おなかが痛い」と言ったときに、実際にはおなかではなく、胸にある「心臓」の病気が原因という場合があります。胸に比べれば、ひじ、ひざは分かりやすいかもしれません。

　絵では分かりにくいことも多く、お風呂で身体を洗うときや乾布摩擦をする際などに、部位の名前を教えましょう。

ワンポイントアドバイス

　身体の部位が分からない場合は、『ドリル第1巻P4〜6ことば（からだの部位①）及びP.10〜12（からだの部位②）』に戻って確認しましょう。

③ ことば （異同弁別ほか：間違い探し①）

まちがいを さがしましょう

ことばかけのポイント

● 「間違い」のことばが分かりにくい場合には、「違う所」や「へんな所」など、言い換えてみましょう。

● 見つけられないときには、「この辺かな？」と言いながら一定範囲を丸く指さしてヒントを出しましょう。

● 間違いの箇所数だけ探せないときには、「3つだよ」「4つだよ」と、その数を教えましょう。

子どもの《発達の姿》

　2つの絵の違う所を探し当てるには、細部に注意し見比べる力が必要です。また、絵をある程度記憶できないと、違いを見つけ出すのは難しくなります。逆にいえば、このような「間違い探し」をとおして、子どもは映像記憶の力を伸ばすことでしょう。

　カードを使っての「神経衰弱」も、見比べる力、記憶力を必要とし、それらの訓練にもなります。

　見比べる力と記憶力は、先生が板書した内容を引き写す際にも必要です。これらの力が十分でないと、引き写せなかったり、たとえ引き写せたとしても正確ではなかったりします。

指導のポイント

★間違いの場所を探せない

　「間違い探し」の意味が分からない場合があります。まずは、間違っている場所を指さして「ここ違うね」と強調しながら教えましょう。

ワンポイントアドバイス

　生活のなかで、ある物をいつも同じ場所に置くことを教えていると、「そう、そこに置くのだよね」と言えます。違っていれば、「(いつもと) 違うよ」と指摘します。

　「間違い探し」は、意欲も関係しますが、日常生活では整理整頓ができる力にもつながるようです。

　「同じ−違う」が分からない場合は、『ドリル第5巻 P.7 〜 12 ことば（異同弁別ほか：ちがう①②）』に戻って確認しましょう。

④ ことば（疑問詞：どうやって 〜様子の表現②）

じゅんばんを こたえましょう

ことばかけのポイント

● 「一番目、二番目、三番目」というように、順番の数を教えましょう。
● 例えば、「シャツを着る」の絵では①シャツを持っています②シャツを着ています③シャツを着ました、というように様子を説明します。こうして、子どもに説明の仕方を教えます。また、時間軸にそって説明することへの理解を促します。

子どもの《発達の姿》

「どこ」「いつ」への理解に続き、「リンゴはどうやって食べますか？」に、「洗います」「皮をむきます」「包丁で切ります」と答えられるようになってきます。「どうやって」の質問に、自分の体験などをとおして、説明ができるようになるといえます。

体験をもとにしての説明は断片的で、分かりにくいことも多いことでしょう。例えば、遠足などの行事についての説明では、聞き手に想像力が必要な場合もあります。できればこういうときには、事前に情報を集めておき、時間軸に沿って説明するように促したいものです。

指導のポイント

★時間の流れに沿って、順番をつけることができない

「これが一番」「次は二番」「最後の三番」というように、繰り返し順番を教えましょう。質問に対し、何を答えてよいのかが分からない場合があります。繰り返すうちに、答え方が分かってきすでしょう。

日常生活でも、例えば「一番目は○○」「二番目は□□」と順番をつけて話しましょう。

ワンポイントアドバイス

「順番」が分かりにくい場合は、『ドリル第5巻 P.25〜27 数（数唱：5まで）及び P.28〜30 数（集合数①）』に戻って確認しましょう。

 5 ことば（文作り：叙述・説明① 〜何のお仕事？①）

なにを しているのでしょうか？

 ことばかけのポイント

● 絵だけでは分かりにくい場合は、大人がジェスチャーをして見せましょう。

● 子どもにジェスチャーをさせて、仕事の動きなども教えてみましょう。そうして、仕事への関心を引き出します。

● 仕事をしている絵を見ながら、「お兄ちゃんだね（お姉ちゃんだね）」と話しましょう。そうして、子どもの成長への欲求を促します。

子どもの《発達の姿》

　ある人が「だれか」が分かるようになるのに続いて、子どもは「人が何をしているのか」に興味を持ち出す段階があります。例えば、レストランです。それまではウエートレスの女性を見て「お姉さんいる」と言っていた子が、お姉さんの動きをじーっと見るようになります。子どもが、大人の動きに注目していることが分かります。

　動きへの注目が、人の役割、仕事などへの理解につながるのでしょう。家庭ではお手伝いに興味を持ち出し、園や学校では係りの仕事をある程度できるようになります。

　初めはちゃんとできないので、大人には「いたずら半分」のように思えることもあるでしょう。ただ、子どもの意欲は大切にし、また育てていきたいものです。役割を持ち、それを果たすことを通じて、子どもは大人になって「働く」ための準備や訓練をしているともいえるからです。大人は、子どもが自分の役割や仕事が果たせるように積極的にかかわりましょう。

指導のポイント

★人の動きへの興味が薄い

　興味が薄い場合には、他の人の動きを見せながら「何しているのかな？」と質問してみましょう。また、「お姉さんが○○しているね」など、その人がしていることを、ことばで説明しましょう。

ワンポイントアドバイス

　人の働きや役割に気づく頃から、子どもはままごと遊びなど、「役割遊び」に興味を持ち出します。ままごと遊びなどをとおして、役割への理解を確かなものにしていきましょう。また、お手伝いを決めて、子どもの仕事にしていきましょう。

⑥ ことば （自他の分離②）

なんと いっていますか？

ことばかけのポイント

● 相手の答えには、「だめ」も入れました。断りの理由として例文をあげてみましたが、子どもに分かるような理由にしてください。

● 相手の答えが「いいよ」の場合も、子どもには「○○だからかもね」と例文を示しましょう。諾否には、それぞれ理由があること（必要なこと）を教えたいからです。

● 「ちょうだい」「いれて」のあとに「いいよ」と言われたときには、「ありがとう」と返すことを教えましょう。

子どもの《発達の姿》

「ありがとう」は、早い時期から大人が子どもに教えようとすることばのひとつです。

子どもは、「あげる−もらう」の関係が分かり、「もらう」の理解が確かになってくると「ありがとう」を使いだします。物をもらったときは分かりやすく、「ありがとう」が言えるようになります。

「もらう」のは「物」ばかりではありません。心配りの動作や気づかいのことばも、他の人からしてもらっています。しかし、子どもにとっては、微妙な心配りなどの意味は分かりずらいので、折に触れ「ありがとう」と言うべき場面を教えましょう。物から出発し、相手の気持ちや考えへの洞察へと、子どもの理解は進んでいきます。

なかには「ありがとう」が言えない子がいます。こういう子は、人の気持ちや考えにうとく、丁寧に教えていく必要があるのかもしれません。

大人は「ありがとう」を教えることで、実際には見えない「相手の気持ちや考え」への注目を子どもに促しているようにも思います。

「ありがとう」は、人の内面に気づかせ、理解を深めることばのひとつといえます。

指導のポイント

★相手が決めるということが分からない

「お母さんが決める」「先生が決める」「お友だちが決める」というように、はっきりとだれが決めるのかを、子どもに示すようにします。だれが決めるのかがあいまいだと、いつまでも、何でも自分で決められると勘違いし続ける可能性があります。

☆なお、「決定権」については、第4巻「手引き」13ページ社会性（役割を果たす：〜の仕事①）も合わせてお読みください。

ワンポイントアドバイス

日常生活では、「〜にあげる」「〜からもらった」ということばを使います。

自分を主体にすると「あげる」だけれども、他者を主体にすると「もらう」になるという違いを教えていきましょう。こうやって、自分と他者の分離を促します。

自他の分離は、自己中心的な見方から、他者のまったく違った視点を獲得することといえます。新しい見方に気づくことだけに、とても難しいといえます。

ただ、この見方が分かると、社会性が成長し、また、人のことをよく理解できるようになるからか、子どもの気持ちは落ち着くようです。

分かりにくい場合は、『ドリル第3巻 P.16〜18ことば(自他の分離①)』に戻って確認しましょう。

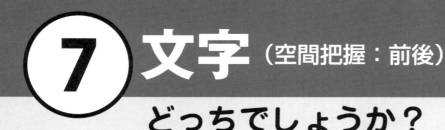

⑦ 文字（空間把握：前後）

どっちでしょうか？

ことばかけのポイント

●いろいろな視点から見て、「上下」「遠近」「前後」の判断をする内容です。分かりにくい場合には、答えを教え、時間をおいて再度トライしてみましょう。

●絵の中にある、子どもや車にのみ注目し、前後という位置関係には目がいかないこともあります。そのときには「子どもがいます。どっちの子が前ですか」というように、いったんは子どものことばを受け止め、それから前後を問いましょう。

子どもの《発達の姿》

さまざまな角度から見ても、前後などの空間関係の把握ができるようになってきます。

基準面への理解が進み、絵の中での絶対的な位置関係が分かるからです。

指導のポイント

★前後が分からない

絵だけでは分かりにくい場合は、「もっと前に」「後ろに下がって」など、実際の場面で指示しながら理解を促しましょう。

ワンポイントアドバイス

このドリルでは、「そば―はなれている」ということばを使いました。似たようなことばに、「近い―遠い」があります。ことばを変えて教えてみてください。

このような距離感は、絵で分かるようになるのではなく、実際の体験をとおして理解される面が大きいと思われます。

そこで、距離のことばを日常生活のなかで、体験をとおしながら教えましょう。

分かりにくい場合は、『ドリル第3巻 P.19〜24 文字（空間把握：上下①②）』及び『ドリル第4巻 P.19〜21 文字（空間把握：そば）』に戻って確認しましょう。

8 文字（数字 レジスターなど）

よんでみましょう むすんでみましょう

ことばかけのポイント

●ここでは、さまざまな機器に記された、違う配列の数字を集めてみました。
数字によって読めないときには、読み方を教えてあげましょう。

子どもの《発達の姿》

現実の生活では、さまざまな機器で数字が使われています。その数字の形はさまざまですが、子どもたちはその違いにとらわれずに、いろいろな字体でも読めるようになります。逆にいえば、いろいろな字体の字が読めないと不便ともいえます。

指導のポイント

★数字への興味が薄い

数字を読むように促しましょう。テレビのリモコンや時計など、日常的に数字を読ませるようにします。読めるようになると便利なことに気づくことでしょう。そうすれば、読みたいという気持ちも強まると思います。

ワンポイントアドバイス

数字ですが、多くの場合、読めるようになる姿がまず見られます。読めるようになると、数字を書きたがるようにもなります。このときに書き順を正しく教えようと口を出しても、子どもは言うことをきかないでしょう。書き順よりも、字を再現することの方に気持ちが強く向いているからかもしれません。

書いているうちに、「上手に字を再現したい」という気持ちが出てきたら、「こうやって書くとかっこいいよ」「上手にできるよ」と言いながら教えましょう。「上手に」という気持ちが、大人のアドバイスに耳を傾かせることにつながるでしょう。

9 数（比較：長短）

どちらが ながいでしょうか？ どちらが みじかいでしょうか？

ことばかけのポイント

●ゾウは、絵の中での鼻の長さではなく、実物の鼻を想像して比較する力が必要です。想像することが難しい場合には、写真などを使い理解を促しましょう。

子どもの《発達の姿》

2つの物の比較から、「一番目」「二番目」など、順序付けで複数の物の比較ができるようになってきます。2つや3つが分かるから、「順序数」が分かって当り前ではありません。順序数は、「みんなで3つ」という集合数が分かったあとに理解されます。順序数が分かりにくい場合には、丁寧に教えていく必要があります。

指導のポイント

★順序数が分からない

列は、順序数を教えるのに分かりやすい場面です。「一番目はだれ？」「三番目は？」というように質問しましょう。

分かりにくい場合は、皿やコップなど、実物を使って教えてみましょう。

ワンポイントアドバイス

分かりにくい場合は、『ドリル第5巻 P.22～24 数（比較：高低）』に戻って確認しましょう。

コラム「セラピー室から①」

先生の言うことを聞かない、落ち着かず他の子といっしょに行動できない、すぐに泣いたり騒いだりする、という子どもの相談を受けます。男の子が多く、年齢は4～5歳から小学校高学年に及びます。こういう子たちに、「○○くんは赤ちゃん？お兄ちゃん？」と尋ねます。それに「赤ちゃん」と答える子がいます。大半は幼児ですが、小学校高学年にも「赤ちゃんがいい」と答える子がいます。確かに赤ちゃんはわがままを許してもらえます。

一般的には2歳前後から、大人の「お兄ちゃんね」「お姉ちゃんね」ということばに、子どもはうれしそうな表情を浮かべ、がんばる姿を見せだします。

赤ちゃんと答える子は問題であり、本人の赤ちゃん時代からの写真を並べ、それらを見ながら、もう赤ちゃんではないこと、そして赤ちゃんには決して戻れないことを教えます。

⑩ 数（合成と分解①）

あわせると いくつになるでしょうか？

ことばかけのポイント

●正しく数えられない場合には、いっしょに数えましょう。

子どもの《発達の姿》

足し算（合成）と引き算（分解）の分かり始めには、指を使って数えることを教えてもよいでしょう。この段階では、指がカリキュレータ（計算機）役を果たします。数と数を足すなど、まずは数を操作することへの意欲を高めましょう。

なお、正解したいという気持ちが、指などを使って数える方法になっていることが多いものです。こういう場合には、ある程度確実に頭の中で操作できるようになるまで、無理にやめさせないようにしましょう。そうしないと、意欲を失ってしまうことがあります。

指導のポイント

★「足す」という意味が分からない

絵では分かりにくい場合は、実物を使って試してみましょう。実物を選ぶ際には、子どもの関心が高い物の方が、意欲を引き出しやすいでしょう。

以前は、「赤ちゃん」と答えるのは、社会性の発達に問題を持つ自閉症の子や、理解力に遅れのある子でした。

ところが最近は、自閉症と思えない、また理解力にも問題のない子たちで「赤ちゃん」と答える子が増えています。「自分＝赤ちゃん」と思っている子は、年齢相応のふるまいはしないことでしょう。冒頭に紹介したような未熟なふるまいを続け、子ども集団に入れずに、「発達障害の疑い」で医療機関を受診したりします。

未熟に留まる一因には、親の「このまま赤ちゃんでいい」という思いがあるのかもしれません。お兄ちゃん、お姉ちゃんになってほしくないという思いが、子どもも含めて周りにも伝わり、成長への期待を薄めます。最近では、長命化に合わせ、精神的に大人になるのは30歳くらいともいわれます。大人になる年齢が遅くなった分だけ、子どもや若者の未熟性に、社会が寛容なことも影

響しているのかもしれません。

ただ前述したように、子どもには2歳前後から、お兄ちゃん、お姉ちゃんになるための「成長の階段」を登ることが課せられています。青年期以降のモラトリアムは許すとしても、幼児期は「お兄ちゃん」「お姉ちゃん」意識を育て、相応の行動を教える必要があります。そうしないと、早い段階で同年齢の子ども集団が苦手となり、将来は同世代に恐れさえ持つ可能性があるからです。

⑪ 社会性（生活：洗顔）

かおを あらうよ

🐻 ことばかけのポイント

● 「きれいーきたない」のことばが分かりにくい場合は、「きれいーきたない」の２枚の写真で比較させるなどし、理解を促しましょう。

子どもの《発達の姿》

子どもに教えるなかで、「きれいにする」「静かに置く」などが、よいことだという理解が深まってきます。どうしてそうした方がよいか、子どもが説明できなくても、振る舞い方を教えましょう。初めはちゃんとできなくても、行動に気を配らなくてはいけないことが分かってくるでしょう。

指導のポイント

★実際には行動できない

頭では分かっていても、行動できないことがあります。それは体の動かし方も含めて、自分自身をうまくコントロールできないこともひとつの理由として考えられます。こういう場合は、「きれいにする」「静かに置く」など、繰り返し教える必要があります。

なお、教えるときには、お茶がらなどを置き、それを拾って「きれいにする」ことを教えるなど、分かりやすくする工夫が必要です。

コラム 「セラピー室から②」

保育園の巡回相談を、週に一度ですが担当し25年となります。元々は知的障害が対象でしたが、最近は知的に問題がない子の相談が増えています。先日、「他の子といっしょにできない」という、5歳になる男の子の相談を受けました。

実際に彼の姿を見ていると、興味のある遊びには参加しますが、なければひとりです。先生は参加を促しますが、すねて言うことを聞きません。このような場合、すねる理由として2つのことが考えられます。

ひとつは、「みんなといっしょにやるのは当たり前」という判断基準が子どものなかに育っていない場合です。子どもは2歳前後から、「いっしょに食べる」「いっしょにねんね」と人に言うようになります。ひとしきり使う「いっしょに」ですが、ある時点か

らあまり使わなくなります。いっしょにやるのが当たり前という、認識（価値基準）が育ち、だからあえて言う必要がなくなります。ところが、他の子や人といっしょにする体験が少なく、基準が育っていないと、当たり前とはなりません。このために、「いっしょにしなくてはいけません」と先生から叱られても、何を注意されているのかが分かりません。

もうひとつは、何でも自分で決められるという勘違いです。そう思うから、彼は好きな活動にしか参加しません。これらが重なり、叱られたあとのすねる姿につながっている可能性があります。

6歳の別の男の子は、園の先生とまったく話をしません。他の大人とは大丈夫と聞き、ふたりで話をしました。すると彼は「先生は遊んでいるときにやめさせる。だから嫌だ」と言います。「先生

⑫ 社会性 （感情のコントロール力：「かして」と言う）

なんと いっていますか？

ことばかけのポイント

●寸劇だと思い、気持ちを込めて読みましょう。

子どもの《発達の姿》

　親や物を、自分のものと考えるようになると、子どもは他の子に取られまいとしだします。取られそうになると、相手をたたいたり、けったりします。なかにはかみつく子もいます。1歳を過ぎたあたりから見られ出す姿です。

　子どもの発達は、「行動化から言語化へと進む」とされています。行動化とは思ったことを、行為でストレートに表現することです。取られまいとしてたたいたり、かみついたりするのは、行動化の段階です。それが、「いや」「やめて」といったことばで気持ちを表すようになります。それを言語化といいます。子どもは成長するにつれて、ことばでの表現が豊かになっていきます。

　言語化が進んでくると、他の子のおもちゃを勝手に取ったりしなくなります。「自分のもの」と「他の子のもの」を区別できるようになるからです。合わせて、自分のものは思い通りにしていいけれども、他の子のものは勝手に使ってはいけないことを理解します。勝手に使うと、無用なトラブルを引き起こす可能性もあります。そこで、無理やりに取るのではなく「かして」のことばを使い、相手に打診するようになります。

　また、言語化が進むにつれて、自分の感情をコントロールできるようにもなっていきます。「泣いてはいけない」という大人のことばに、泣くのをこらえようとする姿が見られるようになります。自分で「泣かない」と言い、泣きたい気持ちをこらえようともします。

　そういうなかで、たたいたりかんだりとともに、泣いたり騒いだりしては相手に通じないことも体験的に理解していきます。

指導のポイント

★感情のコントロールができない

　騒いだり泣いたりしても、相手には何が言いたいのか分からないことを伝えましょう。

　静かな声で、ゆっくりと話すように促しましょう。

はいじわるだ」と思いこみ、怒っているのが分かりました。彼には「時間を決めるのが先生の仕事。いじわるではない」と説明しました。彼は「決めるのは自分」と勘違いしています。

　だれに決定権があるのかを理解するのは、2〜3歳にかけてです。少子化のなか、思い通りに振る舞い「いっしょに」という認識が育たず、また「決定権への誤解」を持ち続ける子がいます。社会性が未熟なので、園に続く小学校ではもっと不適応になる可能性があります。大人には、子どもの成熟を促し、誤解を解く働きかけが求められています。

心理学とセラピーから生まれた 発達促進ドリル 10巻内容一覧

※内容は、一部変更される場合があります。ご了承ください。

分類	項目	1巻	2巻	3巻	4巻	5巻	6巻	7巻	8巻	9巻	10巻
A.ことば	擬音語	擬音語①指さし	擬音語②								
	物の名前（用途・抽象語）	物の名前①	物の名前②	物の名前③	物の名前④	物の名前⑤(2文字片)	物の名前⑥(3・4文字片)	物の名前⑦(5文字片)	物の名前⑧(複数)		
	用途	用途①		用途②							
	抽象語				抽象語①		抽象語②				
	物の属性					物の属性①		物の属性②			
	からだの部位（異同弁別ほか）	からだの部位①②				からだの部位③				からだの部位④	
	疑問詞	おなじ	何	だれ	どこ	いつ	どうやって	なぜ、どうして①	なぜ、どうして②	なぜ、どうして③	なぜ、どうして④
	間違い探し・探し物					ちがう①②	間違い探し①	間違い探し②	探し物	欠所探し	
	文作り（二語文理解）	二語文理解①	二語文理解②								
	助詞			助詞①②	助詞③						
	確認・報告／表現				確認・報告	(表現)①	(様子の表現②)	(様子の表現③)			
	叙述・説明						叙述・説明①	叙述・説明②	叙述・説明③	叙述・説明④	叙述・説明⑤
	振り返り						振り返り①(何をした?①)	振り返り②(何をした?②)			
	理由の表現						(理由の表現③)	(理由の表現④)	(理由の表現⑤)	(理由の表現⑥)	(明日は何をする?)
	得意・苦手							得意なこと	苦手なこと	上手になりたいこと	
	※短期記憶		2つ			文の記憶①	文の記憶②				文の記憶②
	自他の分離			自他の分離①		自他の分離②	自他の分離②				
B.文字	模写（形の見分け・文字）線を引く	線を引く①			線を引く②						
	形の見分け		形の見分け①		形の見分け②						
	文字を読む							文字を読む①	文字を読む②		
	字を書く									字を書く	字を書く
	空間把握			上下①②	そば		前後				
C.数	数字（比較）大小	大小比較①	大小②	大小③							
	高低・長短					高低	長短				
	多少							多少①	多少②		
	数字						数字(レジスターなど)	数字①	数字②		数字②
	数唱					数唱(5まで)	数唱(10まで)	数唱①	数唱②		
	集合数					集合数①	集合数②	集合数①	集合数②		集合数
	順位数（序数）						順位数①	順位数②		順位数	
	順番と待つ態度						順番と待つ態度				
	合成と分解					合成と分解①			合成と分解②③		
D.社会性	模倣・ルール（いっしょに）	いっしょに①	いっしょに②		順番・ルール①②						
	思いやり（はんぶんこ／あげる-もらう）	はんぶんこ①	はんぶんこ②	あげる-もらう①		あげる-もらう②					
	生活		口を拭く・手を洗う・顔を洗う	歯磨き		排泄	洗顔				
	役割を果たす	そっと	大事・大切／～して、～やって	手はおひざ		～の仕事①		～の仕事②	～の仕事③		
	感情のコントロール力					残念・仕方ない／小さな声で言う	かしてと言う	わざとじゃない／怒った声を出さない	～かもしれない	一般知識	道徳①②
	問題数	12	12	12	12	12	12	12	12	12	12

※参考文献等は、10巻目で紹介します。

1. なにの えでしょうか?

ことば (物の名前⑥ 3・4切片)

なにの えでしょうか?　ひだりのえを まるで かこみましょう。

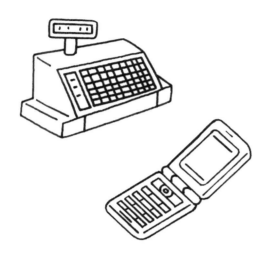

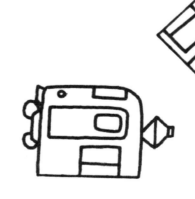

1. なにの えでしょうか?

ことば（物の名前⑥ 3・4切片）

なにの えでしょうか?　ひだりのえを まるで かこみましょう。

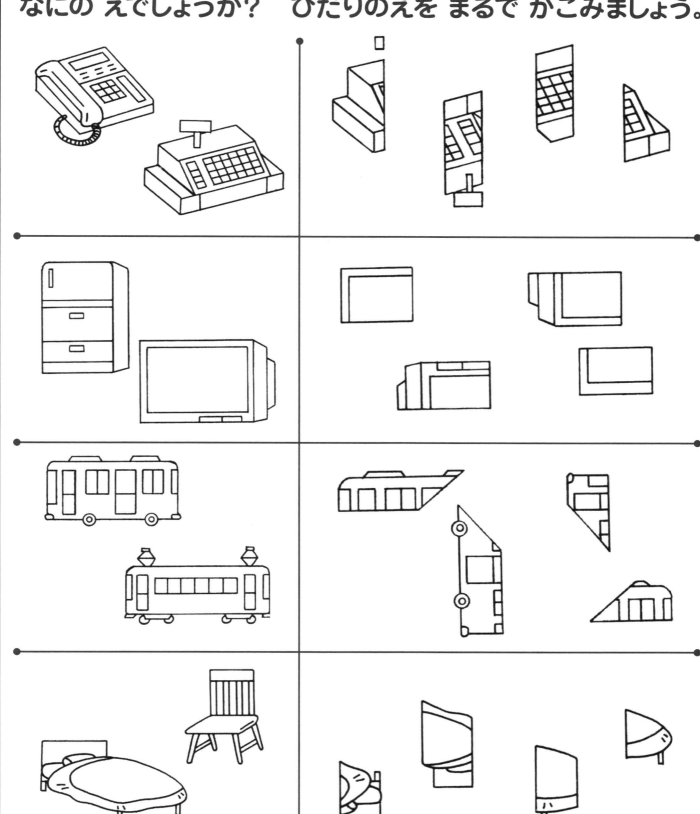

1. なにの えでしょうか?

ことば（物の名前⑥ 3・4切片）

なにの えでしょうか?　ひだりのえを まるで かこみましょう。

1. なにの えでしょうか?

ことば (物の名前⑥ 3・4切片)

なにの えでしょうか?　ひだりのえを まるで かこみましょう。

2. どれ（どこ）ですか？

① 「くち」は どれですか？　まるで かこみましょう。

 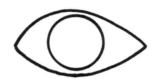 

※「目」「耳」も尋ねて、指さしさせてみましょう。

② 「おなか」は どこですか？
　まるで かこみましょう。

※「顔」「髪」も尋ねて、指さしさせてみましょう。

③ 「て」は どれですか？　まるで かこみましょう。

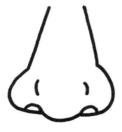  

※「足」「鼻」も尋ねて、指さしさせてみましょう。

2. どれ（どこ）ですか?

ことば（からだの部位③）

① 「みみ」は どれですか？　まるで かこみましょう。

② 「おなか」は どこですか？
　まるで かこみましょう。

③ 「はな」は どこですか？
　まるで かこみましょう。

2. どれ（どこ）ですか？

① 「おしり」は どれですか？　まるで かこみましょう。

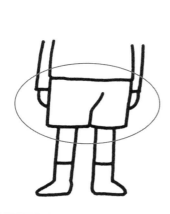  

② 「ひざ」は どこですか？
　まるで かこみましょう。

③ 「そうじをする」のは どれですか？
　まるで かこみましょう。

2. どれ（どこ）ですか？

① 「たべる」のは どれですか？　まるで かこみましょう。

※「見る」「聞く」も尋ねてみましょう。

② 「かむ」のは どれですか？　まるで かこみましょう。

※「持つ」「歩く」も尋ねてみましょう。

③ 「においを かぐ」のは どれですか？
まるで かこみましょう。

 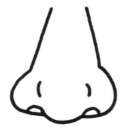 

※「跳ぶ」「握る」も尋ねてみましょう。

3. まちがいを さがしましょう

ことば（異同弁別ほか：間違い探し①）

よく みてみよう。2つ ちがう ところが あります。
まるで かこみましょう。

3. まちがいを さがしましょう

ことば（異同弁別ほか：間違い探し①）

よく みてみよう。 2つ ちがう ところが あります。
まるで かこみましょう。

3. まちがいを さがしましょう

ことば（異同弁別ほか：間違い探し①）

よく みてみよう。3つ ちがう ところが あります。
まるで かこみましょう。

3. まちがいを さがしましょう

ことば（異同弁別ほか：間違い探し①）

よく みてみよう。3つ ちがう ところが あります。
まるで かこみましょう。

4. じゅんばんを こたえましょう

ことば（疑問詞：どうやって〜様子の表現②）

ようふくを きる じゅんばんを すうじで かきましょう。

4. じゅんばんを こたえましょう

ことば（疑問詞：どうやって ～様子の表現②）

りょうりを する じゅんばんを すうじで かきましょう。

4. じゅんばんを こたえましょう

ことば（疑問詞：どうやって〜様子の表現②）

うんどうを する じゅんばんを すうじで かきましょう。

4. じゅんばんを こたえましょう

ことば（疑問詞：どうやって ～様子の表現②）

じゅんばんを すうじで かきましょう。

① スーパーに かいものに いく。

② でんしゃに のって でかける。

③ くるまに のって うみに いく。

5. なにを しているのでしょうか？

ことば（文作り：叙述・説明① 〜何のお仕事？①）

6巻

「きがえを しています」どちらでしょうか？　まるを つけましょう。

「おふろに はいっています」どちらでしょうか？　まるを つけましょう。

「ごはんを たべています」どちらでしょうか？　まるを つけましょう。

5. なにを しているのでしょうか?

ことば（文作り：叙述・説明① 〜何のお仕事？①）

「そうじを しています」どちらでしょうか？　まるを つけましょう。

「たたんでいます」どちらでしょうか？　まるを つけましょう。

「おさらあらいの おてつだいをしています」どちらでしょうか？
まるを つけましょう。

5. なにを しているのでしょうか?

ことば（文作り：叙述・説明① ～何のお仕事？①）

「てを つないで あるいています」どちらでしょうか?
まるを つけましょう。

「はなに みずをやっています」どちらでしょうか?
まるを つけましょう。

「えさを あげています」どちらでしょうか?
まるを つけましょう。

5. なにを しているのでしょうか?

ことば（文作り：叙述・説明① ～何のお仕事？①）

「バスを うんてんしています」どちらでしょうか?
まるを つけましょう。

「はなを そだてています」どちらでしょうか?
まるを つけましょう。

「りょうりを はこんでいます」どちらでしょうか?
まるを つけましょう。

6. なんと いっていますか？

ことば（自他の分離②）

なんと いっていますか？　てんとてんを せんで むすびましょう。

ちょうだい

だめよ（もうすぐごはん）

なんと いっていますか？　てんとてんを せんで むすびましょう。

ちょうだい

どうぞ

6. なんと いっていますか?

ことば（自他の分離②）

なんと いっていますか？　てんとてんを せんで むすびましょう。

いれて

いいよ

なんと いっていますか？　てんとてんを せんで むすびましょう。

いれて

いいよ

ことば（自他の分離②）

なんと いっていますか?　てんとてんを せんで むすびましょう。

どうぞ

ありがとう

なんと いっていますか?　てんとてんを せんで むすびましょう。

あげるよ

ありがとう

6. なんと いっていますか?

ことば（自他の分離②）

なんと いっていますか?　てんとてんを せんで むすびましょう。

だいじょうぶだよ　　　　　ありがとうございます

なんと いっていますか?　てんとてんを せんで むすびましょう。

おめでとう　　　　　ありがとうございます

7. どっちでしょうか?

文字（空間把握：前後）

うえは どっちでしょうか？　まるを つけましょう。

したは どっちでしょうか？　まるを つけましょう。

文字（空間把握：前後）

そば（ちかい）は どっちでしょうか?
まるを つけましょう。

はなれている（とおい）のは どっちでしょうか?
まるを つけましょう。

7. どっちでしょうか?

文字（空間把握：前後）

どっちでしょうか？　てんとてんを　せんで　むすびましょう。

まえ

うしろ

まえ

うしろ

7. どっちでしょうか？

文字（空間把握：前後）

どっちでしょうか？　てんとてんを せんで むすびましょう。

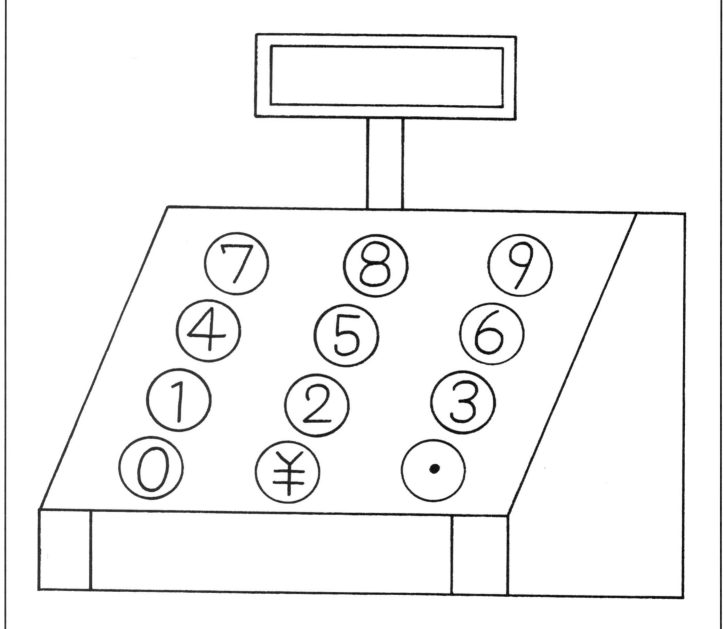

8. よんでみましょう むすんでみましょう

文字 (数字 レジスターなど)

おなじ すうじを せんで むすびましょう。

8. よんでみましょう むすんでみましょう

文字（数字 レジスターなど）

おなじ すうじを せんで むすびましょう。

⑥　　⑦　　⑧　　⑨　　⓪

8. よんでみましょう むすんでみましょう

文字（数字 レジスターなど）

おなじ すうじを せんで むすびましょう。

① ③ ⑤ ⑦ ⑨

8. よんでみましょう むすんでみましょう

文字（数字 レジスターなど）

おなじ すうじを せんで むすびましょう。

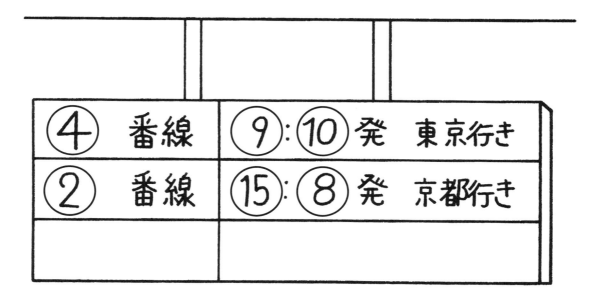

④ 番線	⑨：⑩ 発　東京行き
② 番線	⑮：⑧ 発　京都行き

⑨　　⑩　　④　　⑧　　⑮

9. どちらが ながいでしょうか?
どちらが みじかいでしょうか?

数(比較：長短)

どちらが ながいでしょうか?　まるを つけましょう。

どちらが みじかいでしょうか?　まるを つけましょう。

どちらが みじかいでしょうか?　　まるを つけましょう。

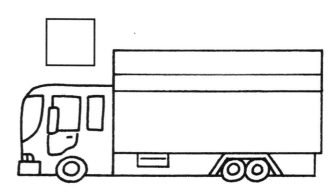

どちらが ながいでしょうか?　　まるを つけましょう。

どちらが みじかいでしょうか？　まるを つけましょう。

どちらが ながいでしょうか？　まるを つけましょう。

9. どちらが ながいでしょうか?
どちらが みじかいでしょうか?

数（比較：長短）

① いちばん ながいのは どれでしょうか?
　まるを つけましょう。
② いちばん みじかいのは どれでしょうか?
　ばつを つけましょう。

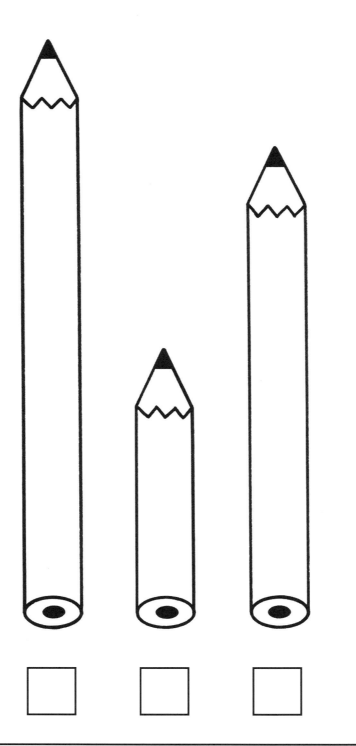

10. あわせると いくつになるでしょうか?

数(合成と分解①)

あわせると いくつになるでしょうか?
□の中に かずを かきましょう。

 +  = 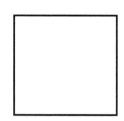 こ

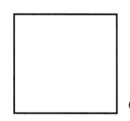 こ

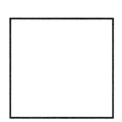 こ

10. あわせると いくつに なるでしょうか?

数（合成と分解①）

あわせると いくつに なるでしょうか?
□の中に かずを かきましょう。

 ＋  ＝  ほん

 ＋  ＝ 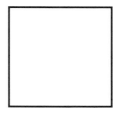 ぼん

 ＋  ＝ 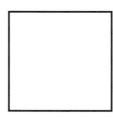 ほん

10. あわせると いくつに なるでしょうか？

数（合成と分解①）

あわせると いくつに なるでしょうか？
□の中に かずを かきましょう。

 ＋  ＝ 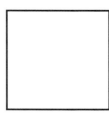 だい

 ＋ だい

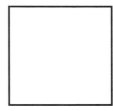 だい

 ＋ ＝ 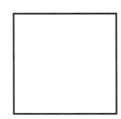 だい

10. あわせると いくつになるでしょうか?

あわせると いくつになるでしょうか?
□の中に かずを かきましょう。

 +  =  はい

 +  = 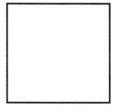 ばい

 +  = はい

11. かおを あらうよ

社会性（生活：洗顔）

かおを あらっているのは どちらでしょうか？
まるで かこみましょう。

11. かおを あらうよ

社会性（生活：洗顔）

どこに あるかな？　てんとてんを むすびましょう。
　・たおる　・はぶらし　・せっけん　・はみがきこ

11. かおを あらうよ

社会性（生活：洗顔）

どっちが いいかな？（どっちが おにいさん、おねえさんかな？）
まるを つけましょう。

社会性（生活：洗顔）

どっちが いいかな？（どっちが おにいさん、おねえさんかな？）
まるを つけましょう。

12. なんと いっていますか？

社会性（感情のコントロール力：「かして」と言う）

なんと いっていますか？　てんとてんを せんで むすびましょう。

かして　　　　　　　　　　　いいよ

なんと いっていますか？　てんとてんを せんで むすびましょう。

かして　　　　　　　だめだよ
　　　　　　　　　（いま つかっているから だめだよ）

12. なんと いっていますか？

社会性（感情のコントロール力：「かして」と言う）

なんと いっていますか？　てんとてんを せんで むすびましょう。

かして

だめだよ
（もう みずを あげたよ）

なんと いっていますか？　てんとてんを せんで むすびましょう。

かして

いいよ

12. なんと いっていますか?

社会性（感情のコントロール力：「かして」と言う）

なんと いっていますか？　　てんとてんを せんで むすびましょう。

かして

いいよ

なんと いっていますか？　　てんとてんを せんで むすびましょう。

かして

だめだよ
（いま つかっているよ。もう ちょっと まっていて）

12. なんと いっていますか?

社会性（感情のコントロール力：「かして」と言う）

なんと いっていますか?　　てんとてんを せんで むすびましょう。

かしてください　　　　　　いいですよ

なんと いっていますか?　　てんとてんを せんで むすびましょう。

かしてください　　　　　　いいですよ